TÍTULO ORIGINAL *Te regalo todo mi amor*
© 2017 Lídia Maria Riba
© 2017 V&R Editoras
© 2017 Vergara & Riba Editoras S.A.

EDIÇÃO Fabrício Valério
EDITORA-ASSISTENTE Natália Chagas Máximo
REVISÃO Marina Ruivo
DIREÇÃO DE ARTE Ana Solt
DIAGRAMAÇÃO Ana Solt
CAPA E DESIGN Nai Martinez

**Dados Internacionais de Catalogação na Publicação (CIP)
(Câmara Brasileira do Livro, SP, Brasil)**

Riba, Lidia María
Com todo o meu amor, pra você / Lidia María Riba ; tradução Olga Fernández.
-- São Paulo :V&R Editoras, 2017.

Título original: Te regalo todo mi amor
ISBN 978-85-507-0158-5

1. Amor 2. Dia dos Namorados 3. Literatura argentina 4. Livros-presente I. Título.

17-09352               CDD-802

**Índices para catálogo sistemático:**
1. Livros-presente 802

Todos os direitos desta edição reservados à
**VERGARA & RIBA EDITORAS S.A.**
Rua Cel. Lisboa, 989 | Vila Mariana
CEP 04020-041 | São Paulo | SP
Tel.| Fax: (+55 11) 4612-2866
vreditoras.com.br | editoras@vreditoras.com.br

Vamos falar de AMOR
como se nada mais interessasse.

Porque nada mais importa,
nada mais prevalece, nada mais nos toca.

Vamos **fechar os olhos,**

Às vezes,
tudo ao meu redor
escurece.
Então, sua mão
no meu ombro
e suas palavras
reconfortantes aparecem.

Já não estou sozinha.
E tudo volta a se
iluminar.

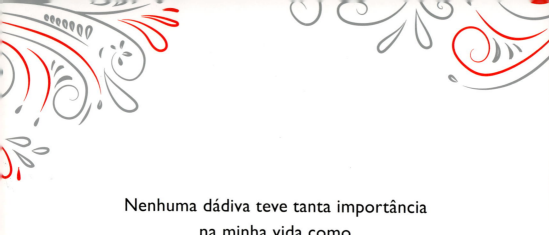

Nenhuma dádiva teve tanta importância
na minha vida como

sua presença.

Você tem sido minha maior riqueza, porque seu amor
me ensinou a ver e aproveitar tudo de bom
que a vida me reservava.

O QUE EU PODERIA LHE DAR EM TROCA DE TUDO ISSO?

Apenas *minhas palavras...*

tão pobres e tão gastas.

Feche os olhos. Estamos sós.

Imagine que elas são novas, recém-inventadas.

SÓ POSSO DIZER QUE

## ESPERAVA POR VOCÊ.

Ainda que não soubesse quem seria

nem como encontrá-lo...

Nem onde estaria ou em quais paisagens...

Será que numa cidade desconhecida

ou inesperadamente perto de mim?

## O tempo

*não tem medida,
transcorre simplesmente
pelas bordas
de uma noite*

sem você

sem
sonhos.

Fique comigo
quando a dor me morder...

...e eu pronunciar seu nome *sem palavras.*

*Eu, a de outrora,*
*não voltaria a ser a mesma:*
## POIS SEU AMOR
## ME ATINGIU.

A magia desta nova oportunidade
está em tudo o que você fará por puro e

*autêntico prazer.*

Sem obrigações nem restrições,
sem esperar os melhores elogios em troca.
Só porque quer estar ali para

**ABRIR A PORTA DO UNIVERSO**

para ele e se sentar aproveitando
e vendo como o amor o domina.

# Se você não estivesse aqui...

eu dormiria cedo

e veria meus amigos com frequência,

iria ao cinema duas vezes por semana

e leria um romance até de madrugada,

aproveitaria a cidade aos sábados à tarde

em vez de viajar até a paz do campo,

eu me dedicaria menos à ginástica

e escutaria minha música favorita mais alto.

Pensando bem... se você não estivesse aqui,

# IRIA
# ATÉ O FIM
# DO MUNDO
# PROCURÁ-LO.

Quando o vejo sair

começo a perceber

a infinita

dimensão da solidão

que sentirei

*logo em seguida.*

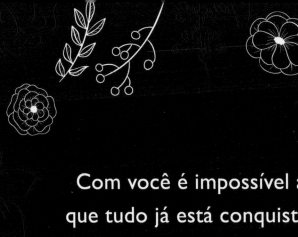

Com você é impossível acreditar
que tudo já está conquistado e que
eu vou, finalmente, apenas descansar.
Por isso, amá-lo é – graças a Deus –

## UMA AVENTURA
## QUE NÃO TERMINA.

Que mágica intuição
faz com que não possa
esconder nada de você?
Talvez sua íntima necessidade
de ser, mesmo que em silêncio,
a minha melhor companhia.

Nenhum de seus sonhos anteriores sequer se aproximava deste completo,

*inabarcável*

amor à primeira vista que você sentiu.

## Para a vida toda.

♥

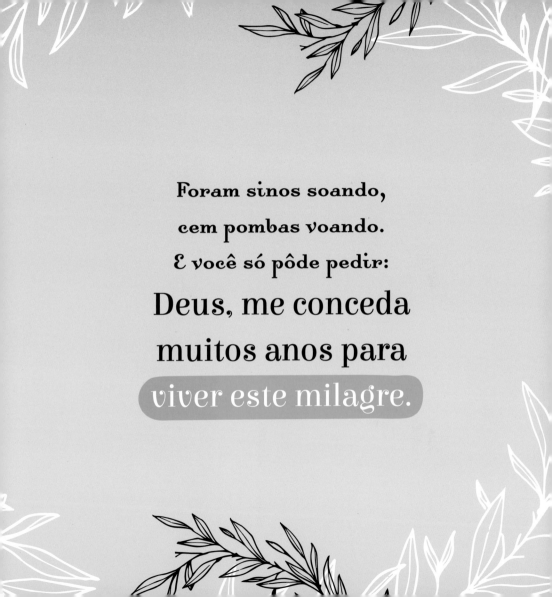

Foram sinos soando,
cem pombas voando.
E você só pôde pedir:
Deus, me conceda
muitos anos para
viver este milagre.

*Quando tive você pela primeira vez
junto a meu coração, a sensação mais forte
e mais profunda que me invadiu
foi a de lhe dar*

# O MELHOR DO MUNDO.

*O sol e a lua.*

# O QUE É QUE EU NÃO LHE DARIA SE EU PUDESSE...

Em sua memória e em seu amor,
que vencerão o tempo,
sua voz será escutada
**para sempre.**

# Sem você,

cada ato da minha vida perderia sentido,

e eu me deixaria ir à deriva, sem rumo nem porto,

porque, ainda que não o faça responsável
por meus sonhos,
## você é a última razão
de cada um deles...

# Sem você,

o que eu faria com *o futuro*,

com os dias que estão por vir,

com meu olhar para trás e

*minhas lembranças...*

# Divida comigo...

**seus sonhos,**
para que eu possa ajudar a alcançá-los;

**seus êxitos,**
porque também serão meus;

**suas preocupações,**
para que sua carga seja menos pesada;

**seus temores,**
porque talvez diminuam ao me falar deles;

**suas desilusões e sua ira:**
eu poderia lutar por você contra qualquer um;

suas alegrias,
*porque nada seu me é alheio;*

seu cansaço,
*para que eu lhe empreste minhas forças;*

seus desafios,
*para que eu prepare suas armas.*

Divida o seu caminho
comigo.

Às vezes, de tempos em tempos,
é bom franzir a testa,
darmo-nos as costas,
só para voltarmos a cair
um nos braços do outro

JURANDO

este amor incondicional,

eterno...

Com uma emoção inédita,
com meu fôlego em suspenso,
com alívio secreto,

## EU INTEIRA
## TRANSFORMADA EM ECO

escutei você dizer que

*me ama.*

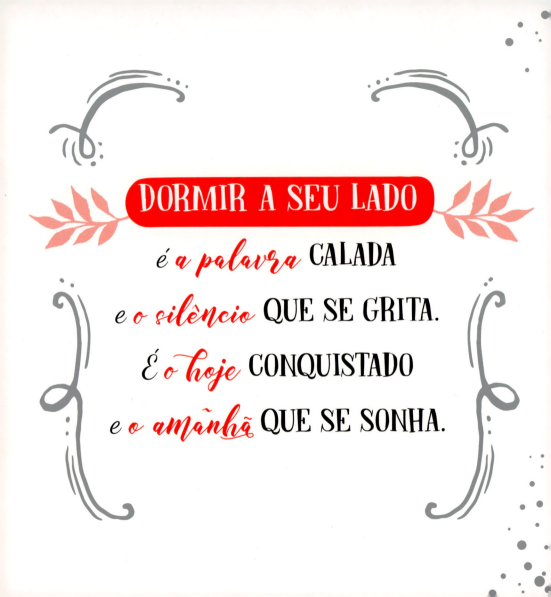

# Você é a primeira pessoa em quem eu penso

se as sombras me ameaçam,

se não posso, não quero mais,

e vou me render.

E também se me ilumino

com coragem e, por fim,

consigo o que preciso.

Tenho escrita no meu coração

uma lista tão longa de coisas que

# deveria ter feito

com você e para você…

------

## E QUE NUNCA CHEGUEI A FAZER.

------

Às vezes, me pergunto

se haverá em seu coração

alguma pequena lista das coisas

## que fiz.

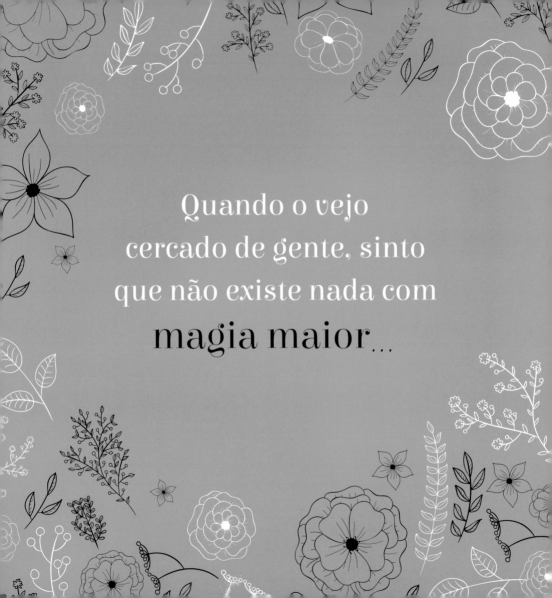

Quando o vejo cercado de gente, sinto que não existe nada com **magia maior**...

...que seu olhar profundo buscando o meu.

Para
OS MOMENTOS
DE TRISTEZA
coloquei em sua mala
MUITOS ABRAÇOS.

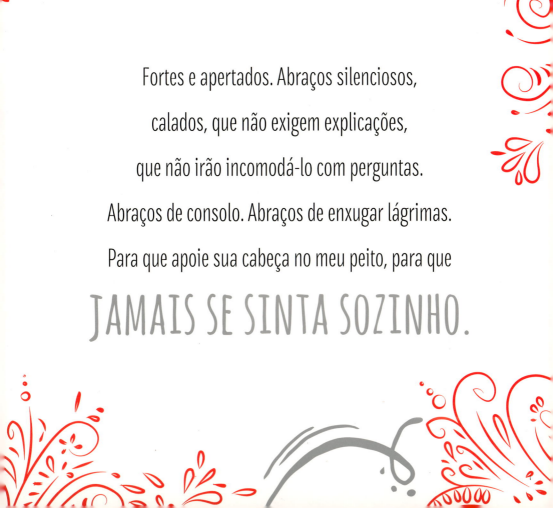

Fortes e apertados. Abraços silenciosos, calados, que não exigem explicações, que não irão incomodá-lo com perguntas. Abraços de consolo. Abraços de enxugar lágrimas. Para que apoie sua cabeça no meu peito, para que JAMAIS SE SINTA SOZINHO.

Ainda não tinha
escutado seu nome,
mas já o levava gravado

silenciosamente

nas ilusões
que eu mesma desconhecia.
Desde o primeiro minuto,

# MINHA VIDA
## SE FEZ
## CAMINHO
## ATÉ VOCÊ.

Acreditar firmemente
que aquela nossa imagem

*apaixonada*

está atrás de um espelho
embaçado, apenas oculta,

*esperando...*

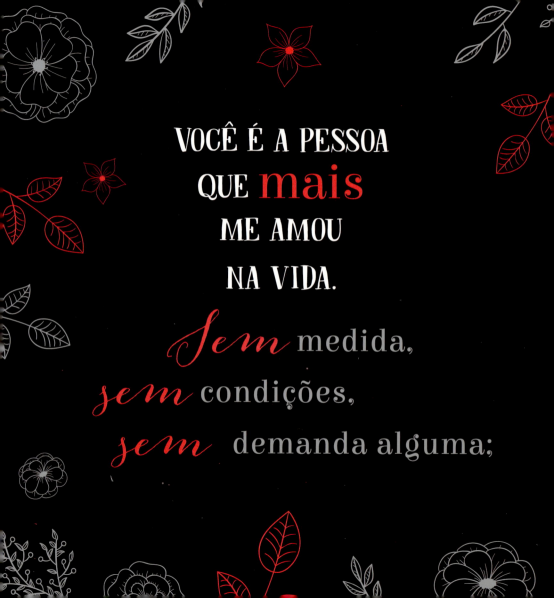

## Lidia María Riba

Nasceu em Buenos Aires, Argentina. Estudou Letras e cursou pós-graduação em Madri, na Espanha. Em 1996, junto com Trini Vergara, fundou a V&R Editoras. Sua paixão, escrever para a família e para as mulheres, se desenvolveu em paralelo com a direção da empresa. Suas mensagens – sempre carinhosas e positivas, com palavras cheias de sentimentos – chegaram para milhares de leitores em vários idiomas e são um presente para entregar a quem mais amamos em qualquer ocasião. Entre seus preciosos títulos estão: *Um presente para minha irmã*; *Um presente para minha filha*; *Um presente para minha avó*; *Um presente para minha mãe*; *Para meus netos com amor*; *Desejo a você um feliz aniversário*; *Para minha filha que cresceu*; *Diploma para a melhor mãe*; *Obrigada, mãe*; *Obrigada, pai*; *Te amo*; *Quero lhe dizer... você é a melhor mãe do mundo*; *Quero lhe dizer... você é o homem da minha vida*; *Amo você, mãe* e *Mãe, fique sempre comigo*. Faleceu em 2011.

### Sua opinião é muito importante

Mande um e-mail para **opiniao@vreditoras.com.br**
com o título deste livro no campo "Assunto".

1ª edição, maio 2018
FONTES Densia Sans 18/34pt; Elsie 36/40pt; Amatic 31/49pt
Impresso na China • Printed in China
LOTE 1511/17AP13

> Só o amor transforma em milagre o barro...
>
> SILVIO RODRÍGUEZ